LA GUÍA ÚLTIMA DE CÓCTELES BOTÁNICOS

100 bebidas rápidas y fáciles de preparar en el vaso

David Jimenez

Material con derechos de autor ©2024

Reservados todos los derechos

Ninguna parte de este libro puede usarse ni transmitirse de ninguna forma ni por ningún medio sin el debido consentimiento por escrito del editor y del propietario de los derechos de autor, excepto las breves citas utilizadas en una reseña. Este libro no debe considerarse un sustituto del asesoramiento médico, legal o de otro tipo profesional.

TABLA DE CONTENIDO

TABLA DE CONTENIDO **3**
INTRODUCCIÓN **6**
VODKA **7**
   1. Vodka de ajo y habanero 8
   2. Lavanda-Romero licor _ 10
   3. Vodka refrescante de sandía 12
   4. Tuerca licor 14
   5. Licor de plátano 16
   6. licor de regaliz 18
   7. Licor de ciruela 20
   8. Licor de mandarina 22
   9. Licor de pimienta de Jamaica 24
   10. licor de lavanda 26
   11. Licor de Té Verde 28
   12. licor de canela 30
   13. Licor de vainilla y café 32
   14. licor de menta 34
   15. Licor dulce de naranja y clavo 36
   16. Fresas y limoncello 38
   17. Sidra caliente con mantequilla 40
   18. Licor de aguardiente de menta 42
   19. licor de lima 44
   20. Licor de hierbas picante 46
   21. Licor de vodka de piña 48
   22. Vodka con infusión de frambuesa 50
   23. licor de papaya 52
   24. licor de arándanos 54
   25. licor de chocolate 56
   26. licor de coco 58
   27. licor de curazao 60
   28. licor de pomelo 62
   29. Licor de miel 64
   30. licor de te 66
   31. licor de menta 68
   32. licor de angélica 70
   33. Licor de arándanos y naranja 72
   34. Carvi _ licor 74
   35. Licor de vodka de manzana 76
   36. P cada licor de vodka 78
   37. Aquavit vodka 80
   38. Cidra Vodka 82
   39. Naranja Bíter 84

- 40. Fresa Vainilla Vodka 87
- 41. Limón Licor de granada 89
- 42. Mora Naranja infundido Vodka 91
- 43. Malvavisco Vodka 93

TÉQUILA 95
- 44. Limoncillo-jengibre licor 96
- 45. Licor de margarita 98
- 46. Ponche de té mexicano 100
- 47. Jalapeño Cal Tequila 102
- 48. Piña y serrano tequila 104
- 49. Jengibre La hierba de limón Tequila 106
- 50. Licor de almendras doradas 108

RON 110
- 51. Café Licor 111
- 52. Plátano y coco licor 113
- 53. Especiado Ron 115
- 54. Jazmín té licor 117
- 55. Moca crema licor 119
- 56. Sueco fruta en licor 121
- 57. Cordial de arándanos 123
- 58. Licor cremoso de ron 125
- 59. Piña Ron 127
- 60. Agrios sangría 129
- 61. Fruta Puñetazo 131

WHISKY 133
- 62. Limón infundido Borbón 134
- 63. A la antigua usanza con infusión de tocino 136
- 64. Licor de melocotón y canela 138
- 65. Licor de crema de chocolate 140
- 66. Bing Cereza _ licor 142
- 67. naranja y miel Licor _ 144
- 68. Yo rish licor de crema 146
- 69. Arándano Naranja Whisky 148
- 70. Café-vainilla Borbón 150
- 71. Cereza vainilla Borbón 152
- 72. Manzana canela Whisky 154
- 73. Vainilla Frijol Borbón 156

GINEBRA 158
- 74. martini cajún 159
- 75. Arándano Ginebra 161
- 76. Almohadilla perfumada Ginebra 163
- 77. Limón Jengibre Cardamomo Ginebra 165
- 78. Manzana y Pera Ginebra 167

79. Verde Té Ginebra 169
BRANDY 171
80. Mandarina _ Licor 172
81. licor de amaretto 174
82. Licor de Albaricoque 176
83. Frambuesa licor 178
84. Brandy de manzana y canela 180
85. California Ponche de huevo 182
86. Cereza brandy 184
87. Licor de Almendras 186
88. Licor de pera 188
89. Jengibre Licor 190
90. Café vainilla licor 192
91. cardamomo-higo brandy 194
92. Ciruela-Canela brandy 196
93. Chai-Pera brandy 198
COÑAC 200
94. Gran licor de naranja y coñac 201
95. Curazao de higos frescos 203
96. Infusión de chai Coñac 205
97. Infusión de cereza coñac 207
98. de Higo y Grand Marnier 209
99. Durazno infundido Coñac 211
100. Licor Bíter De Piña Y Naranja 213
CONCLUSIÓN 215

INTRODUCCIÓN

Ingrese al mundo encantador donde las hierbas, frutas y maravillas botánicas más frescas se unen para crear una sinfonía de sabores en "La guía definitiva de cócteles botánicos". Esta guía es su pasaporte al ámbito de la mixología del jardín al vaso, donde lo invitamos a explorar 100 recetas rápidas y fáciles que transforman sus licores favoritos en brebajes cautivadores.

En esta aventura botánica, celebramos la vibrante intersección de la naturaleza y la coctelería, mostrando cómo las hierbas de su jardín pueden elevar su juego de cócteles a nuevas alturas. Imagínese las tardes bañadas por el sol, la suave brisa que transporta el aroma de las flores en flor y el tintineo de los cubitos de hielo en un vaso lleno de un elixir fresco del jardín. Es una experiencia sensorial que va más allá de lo común y te invita a abrazar la belleza de los ingredientes botánicos en cada sorbo.

Ya sea usted un mixólogo experimentado o un barman casero que busca agregar un toque de brillantez botánica a su repertorio, esta guía está diseñada para inspirar y deleitar. Desde combinaciones clásicas hasta giros innovadores, cada receta es un testimonio del arte de los cócteles botánicos, haciéndolos accesibles tanto para principiantes como para entusiastas.

Entonces, tome su mezclador, elija sus hierbas favoritas y embarquémonos en un viaje de sabor, aroma y deleite visual mientras nos sumergimos en "La guía definitiva de cócteles botánicos".

VODKA

1. Vodka de ajo y habanero

INGREDIENTES:
- 1 chile habanero
- 1 cabeza de ajo, separada y pelada
- vodka botella de 750 mililitros

INSTRUCCIONES:
a) Coloque el ajo y el chile habanero en un frasco Mason.
b) Llena el frasco con vodka. Cerrar y agitar bien.
c) Deje reposar de 3 a 5 horas.
d) Cuela el vodka con un colador de malla fina.

2.Lavanda-Romero licor

INGREDIENTES:
- vodka botella de 750 mililitros
- 1 ramita de romero fresco, enjuagado
- 2 ramitas de lavanda fresca, enjuagadas

INSTRUCCIONES:
a) Coloque las hierbas en un frasco Mason.
b) Vierte el vodka en el frasco.
c) Agítalo un par de veces y déjalo reposar durante tres a cinco días.
d) Cuele las hierbas.

3. Vodka refrescante de sandía

INGREDIENTES:
- vodka botella de 750 mililitros
- 1 sandía, en cubitos

INSTRUCCIONES:
a) En un tarro de infusión coloca la sandía en cubos.
b) Vierte el vodka sobre la fruta y agítala un par de veces.
c) Selle la tapa y deje reposar durante 4 a 6 días.
d) Agítelo una o dos veces al día.
e) Cuela la sandía del vodka.

4.Tuerca licor

INGREDIENTES:
- 2 libras de almendras sin sal y sin blanquear, picadas
- 1 taza de azúcar
- 1 botella de vodka
- Jarabe de azucar

INSTRUCCIONES:
a) Pon las nueces picadas en el tarro y añade el azúcar y el vodka.
b) Dejar reposar durante un mes, agitando diariamente.
c) Cuele las nueces.
d) Agrega el almíbar de azúcar.

5. Licor de plátano

INGREDIENTES:
- 2 plátanos maduros, pelados y triturados
- 3 tazas de vodka
- 1 taza de azúcar
- 1 cucharadita de extracto de vainilla
- 1 taza de agua

INSTRUCCIONES:
a) Mezcle puré de plátano, vodka y vainilla.
b) Reposar durante 1 semana.
c) Colar.
d) Combine el azúcar y el agua en una cacerola.
e) Llevar a ebullición a temperatura media.
f) Cocine a fuego lento hasta que el azúcar se haya disuelto.
g) Agrega el almíbar de azúcar.
h) Vierta en botellas y tape bien .
i) Deje reposar al menos 1 mes antes de servir.

6.licor de regaliz

INGREDIENTES:
- 2 cucharadas de anís estrellado triturado
- 3 tazas de vodka
- 2 tazas de azúcar
- 1 taza de agua

INSTRUCCIONES:
a) Mezcle anís estrellado con vodka y déjelo reposar durante 2 semanas.
b) Cuela el anís estrellado.
c) Hervir el azúcar y el agua en una cacerola.
d) Cocine a fuego lento hasta que el azúcar se haya disuelto.
e) Combine el jarabe de azúcar y la mezcla de vodka.
f) Vierta en botellas y tape bien.
g) Deje reposar al menos un mes antes de servir.

7.Licor de ciruela

INGREDIENTES:
- 1 libra de ciruelas moradas frescas
- 2 tazas de vodka
- 1 taza de azúcar
- 1 taza de agua con rama de canela de 1 pulgada
- 4 dientes enteros

INSTRUCCIONES:
a) Quite las ciruelas y córtelas en trozos de 1 pulgada.
b) Combine ciruelas, azúcar, ramas de canela, clavo y vodka.
c) Cubrir y dejar reposar durante 2 meses.
d) Agite el frasco de vez en cuando.
e) Cuela el líquido.
f) Vierta en botellas y tape bien.
g) Deje reposar al menos 1 mes antes de servir.

8. Licor de mandarina

INGREDIENTES:
- 6 mandarinas
- 2 tazas de vodka
- ½ taza de azúcar
- ¾ taza de agua

INSTRUCCIONES:
a) Con un pelador de hoja giratoria, pele las mandarinas, raspando solo la cáscara, evitando la membrana blanca.
b) Coloca las cáscaras en un frasco con el vodka.
c) Cubra bien y déjelo reposar en un lugar fresco y oscuro durante 3 semanas.
d) Agite el frasco de vez en cuando.
e) Cuela el líquido.
f) Combine el azúcar y el agua en una cacerola.
g) Llevar a ebullición a temperatura media.
h) Cocine a fuego lento hasta que el azúcar se haya disuelto.
i) Deje enfriar y luego agregue el almíbar de azúcar.
j) Vierta en botellas y tape bien. Reposar durante un mínimo de 1 mes.

9. Licor de pimienta de Jamaica

INGREDIENTES:
- 3/4 cucharadita _ _ pimienta de Jamaica molida
- 1 1/2 tazas de vodka
- 1/2 taza de almíbar de azúcar

INSTRUCCIONES:
a) Reposar los ingredientes durante 10 días.
b) Cepa.
c) Agrega el almíbar.
d) Madura de 1 a 6 meses.

10. licor de lavanda

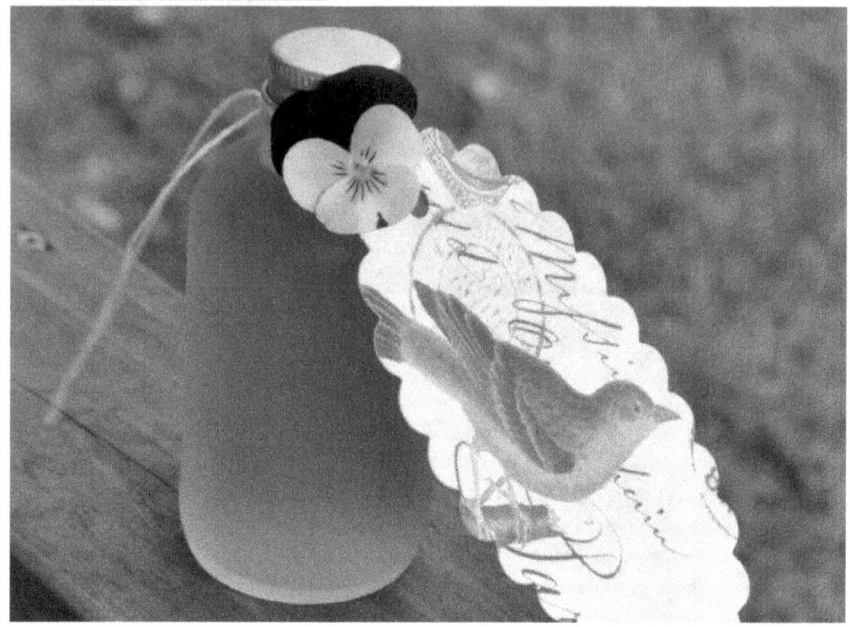

INGREDIENTES:
- 6 cucharadas de pétalos de lavanda secos
- 1 quinto vodka de 80 grados
- 1 taza de almíbar de azúcar

INSTRUCCIONES:
a) Remoja los pétalos en vodka durante una semana.
b) Colar a través de una gasa.
c) Agrega el almíbar de azúcar y disfruta .

11.Licor de Té Verde

INGREDIENTES:
- 6 cucharaditas de hojas de té verde
- 3 tazas de vodka
- 1 taza de almíbar
- 2 gotas de colorante alimentario verde

INSTRUCCIONES:
a) Combine y deje reposar las hojas de té en el vodka durante 24 horas.
b) Agita bien el frasco cuando agregues las hojas.
c) Agrega el edulcorante y colorea al día siguiente.

12.licor de canela

INGREDIENTES:
- 1 rama de canela
- Clavos de olor
- 1 cucharadita de semilla de cilantro molida
- 1 taza de vodka
- ½ taza de brandy
- ½ taza de jarabe de azúcar

INSTRUCCIONES:
a) Deje reposar todos los ingredientes durante 2 semanas.
b) Colar hasta que esté claro y agregar el almíbar de azúcar.
c) Déjalo reposar durante 1 semana y estará listo para servir.

13. Licor de vainilla y café

INGREDIENTES:
- 1½ tazas de azúcar moreno; lleno
- 1 taza de azúcar granulada
- 2 tazas de agua
- ½ taza de café instantáneo en polvo
- 3 tazas de vodka
- ½ vaina de vainilla; dividir

INSTRUCCIONES:
a) Hervir el azúcar y el agua durante 5 minutos.
b) Agregue gradualmente el café.
c) Agrega el vodka y la vainilla.
d) Reposar durante 1 mes.
e) Retire la vaina de vainilla.

14.licor de menta

INGREDIENTES:
- 1¼ taza de hojas de menta fresca, lavadas y cortadas
- 3 tazas de vodka
- 2 tazas de azúcar granulada
- 1 taza de agua
- 1 cucharadita de glicerina
- 8 gotas de colorante alimentario verde
- 2 gotas de colorante alimentario azul

INSTRUCCIONES:
a) Deje reposar la menta y el vodka durante 2 semanas, agitando periódicamente.
b) Colar y desechar las hojas de menta del licor.
c) En una cacerola, combine el azúcar y el agua.
d) Hacer hervir removiendo constantemente.
e) Agregue glicerina y colorante alimentario.
f) Deje reposar nuevamente durante 1-3 meses.

15. Licor dulce de naranja y clavo

INGREDIENTES:
- 3 tazas de vodka
- 3 naranjas dulces enteras, cortadas en gajos
- ½ Limón
- 2 dientes enteros
- 1 taza de almíbar de azúcar básico

INSTRUCCIONES:
a) Mezcla vodka, naranjas, limón y clavo.
b) Dejar reposar durante 10 días.
c) Colar y desechar los sólidos tamizados.
d) Agrega el almíbar de azúcar.
e) Colar en botellas y dejar reposar nuevamente durante 4 semanas.

16. Fresas y limoncello

INGREDIENTES:
- 30 fresas frescas cortadas en mitades
- 4 cucharaditas de licor de limoncello
- Pimienta recién molida
- de Jugo de naranja fresco

INSTRUCCIONES:
a) Combine las fresas, el jugo de naranja, el licor y la pimienta recién molida .
b) Deje reposar durante un mínimo de 30 minutos.

17. Sidra caliente con mantequilla

INGREDIENTES:
- 1 cuarto de sidra de manzana
- 2 palitos de canela
- ¼ taza de jarabe de maíz ligero
- 3 dientes enteros
- 2 rodajas de limón
- 2 cucharadas de mantequilla sin sal
- 6 onzas de licor de manzana

INSTRUCCIONES:
a) En una sartén , combine la sidra, el jarabe de maíz, la mantequilla, las ramas de canela, los clavos y las rodajas de limón.
b) Calienta a fuego lento hasta que la sidra esté caliente y la mantequilla se derrita. Retirar del fuego.
c) Mientras se calienta la sidra, vierte una onza de licor en cada una de las 6 tazas o vasos resistentes al calor.
d) Vierta la sidra caliente en las tazas y sirva de inmediato.

18. Licor de aguardiente de menta

INGREDIENTES:
- ⅓ taza de azúcar granulada
- 1 6 onzas de jarabe de maíz ligero
- 2 tazas de vodka de 80 grados
- 2 cucharaditas de extracto de menta

INSTRUCCIONES:
a) Calentar el azúcar y el almíbar de maíz en una sartén durante 5 minutos.
b) Cuando el azúcar se haya disuelto, agrega el vodka y revuelve bien.
c) Retira la mezcla del fuego y cúbrela con una tapa.
d) Dejar enfriar.
e) Agrega extracto de menta a la mezcla y vierte en una botella.

19.licor de lima

INGREDIENTES:
- 2 docenas de limas, lavadas y cortadas en rodajas
- ½ cucharadita de canela molida
- 6 clavos
- 2 libras de azúcar blanca
- 6 tazas de vodka de 80 grados
- 2 tazas de agua
- colorante alimentario verde

INSTRUCCIONES:
a) Combine limas, canela, clavo, vodka, agua y azúcar blanca.
b) Agite bien hasta que el azúcar se disuelva. Cubrir.
c) Colóquelo en un lugar fresco durante dos semanas.
d) Colar por un colador fino.
e) Decantar, vertiendo el líquido claro en botellas.

20.Licor de hierbas picante

INGREDIENTES:
- 6 vainas de cardamomo, sin semillas
- 3 cucharaditas de semillas de anís, trituradas
- 2¼ cucharadita de raíz de angélica picada
- 1 rama de canela
- 1 diente
- ¼ cucharadita de macis
- 1 quinto vodka
- 1 taza de jarabe de azúcar
- Contenedor: frasco de 1/2 galón

INSTRUCCIONES:
a) Combina todos los ingredientes.
b) Agite bien y deje reposar durante 1 semana.
c) Colar varias veces.
d) Agrega el almíbar de azúcar.

21.Licor de vodka de piña

INGREDIENTES:
- 1 piña dulce pelada; sin corazón y en rodajas
- 1 botella de vodka; 750ml
- 2½ onzas de vodka con infusión de piña
- ¾ onza de Grand Marnier

INSTRUCCIONES:
a) Coloca una piña madura en un recipiente y cúbrela con una botella de vodka.
b) Reposar en el frigorífico un mínimo de 48 horas.

22. Vodka con infusión de frambuesa

INGREDIENTES:
- Botella de vodka de 25 onzas
- 1 - pinta de frambuesas

INSTRUCCIONES:
a) Combine vodka con frambuesas frescas.
b) Dejar reposar durante 3 días.

23.licor de papaya

INGREDIENTES:
- 1 rodaja de limón, cáscara raspada
- 1 papaya, pelada, sin semillas y cortada en cubos
- 1 taza de vodka
- ¼ taza de jarabe de azúcar

INSTRUCCIONES:
a) Remoje la papaya en vodka durante 1 semana.
b) Colar la fruta, extrayendo el jugo.
c) Agrega el almíbar de azúcar.

24. licor de arándanos

INGREDIENTES:
- 3 tazas de arándanos frescos, enjuagados y triturados
- 1 cada clavo
- ½ taza de jarabe de azúcar
- 2 tazas de vodka
- 1 limón de cada uno con borde, cáscara raspada

INSTRUCCIONES:
a) Combine las bayas con vodka, cáscara de limón y clavo.
b) Reposar durante 3 meses.
c) Cuele los sólidos.
d) Agrega el almíbar de azúcar.

25. licor de chocolate

INGREDIENTES:
- 2 cucharaditas de extracto puro de chocolate
- ½ cucharadita de extracto puro de vainilla
- 1½ taza de vodka
- ½ taza de jarabe de azúcar
- ½ cucharadita de menta fresca
- 1 gota de extracto de menta

INSTRUCCIONES:
a) Mezcle todos los ingredientes y deje reposar durante 2 semanas.
b) Agrega la menta y el extracto de menta.
c) Deje reposar durante otras 2 semanas.

26.licor de coco

INGREDIENTES:
- ½ taza de brandy
- 2 tazas de coco envasado
- 4 semillas de cilantro
- ¼ cucharadita de extracto de vainilla
- 3 tazas de vodka

INSTRUCCIONES:
a) Agregue todos los ingredientes y deje reposar durante 4 semanas.
b) Dale la vuelta al frasco cada pocos días.

27.licor de curazao

INGREDIENTES:
- 3 cucharadas de naranja amarga, pelada y segmentada
- 2⅔ taza de vodka de 80 grados
- 1⅓ taza de agua
- 2 tazas de azúcar blanca
- 12 dientes enteros
- 1 cucharadita de canela molida
- 2 cucharaditas de semillas de cilantro enteras

INSTRUCCIONES:
a) Ponga los gajos de naranja junto con la piel de naranja amarga, el clavo, el cilantro y la canela en un frasco.
b) Agrega el azúcar, el vodka y el agua.
c) Agite vigorosamente hasta que el azúcar se disuelva.
d) Reposar hasta por 5 semanas.
e) Colar y dejar aclarar.

28.licor de pomelo

INGREDIENTES:
- 6 pomelos
- 3 tazas de vodka de 80 grados
- 1 taza de agua
- 2 cucharadas de semillas de cilantro enteras
- 1 cucharadita de canela molida
- 4 tazas de azúcar blanca

INSTRUCCIONES:
a) Combina los ingredientes.
b) Cubra y deje reposar durante varias semanas.
c) Colar y dejar aclarar el licor durante una semana a 10 días.
d) Vierta el licor claro.

29.Licor de miel

INGREDIENTES:
- 2 tazas de vodka
- ¾ libras de miel
- 1 cáscara larga de naranja
- 1 taza de agua, tibia pero no hirviendo
- 1 diente
- 2 palitos de canela de 2 pulgadas cada uno

INSTRUCCIONES:
a) Disolver la miel en el agua.
b) Agrega la mezcla de miel al vodka, las especias y la piel de naranja.
c) Deje reposar y bien tapado, agitando cada pocos días.
d) Reposar durante 2 o 3 semanas.
e) Cuele los sólidos.

30.licor de te

INGREDIENTES:
- 2 cucharaditas de hojas de té negro
- 1½ taza de vodka
- ½ taza de jarabe de azúcar

INSTRUCCIONES:
a) Reposar todo, excepto el almíbar, durante 24 horas.
b) Colar y agregar el almíbar de azúcar.
c) Reposar durante 2 semanas.

31.licor de menta

INGREDIENTES:
- 2 cucharaditas de extracto de menta
- 3 tazas de vodka
- 1 taza de jarabe de azúcar

INSTRUCCIONES:
a) Combine todos los ingredientes y revuelva.
b) Reposar durante 2 semanas.

32. licor de angélica

INGREDIENTES:
- 3 cucharadas de raíz de angélica seca picada
- 1 cucharada de almendras picadas
- 1 baya de pimienta de Jamaica, partida
- ⅛ cucharadita de semilla de cilantro en polvo
- 1 cucharadita _ _ hojas secas de mejorana
- 1 pieza de canela en rama, partida
- 1½ taza de vodka
- ½ taza de azúcar granulada
- 6 semillas de anís, trituradas
- ¼ taza de agua
- 1 gota de cada colorante alimentario amarillo y verde

INSTRUCCIONES:
a) Combine todas las hierbas, nueces y especias con vodka.
b) Tape bien y agite diariamente durante 2 semanas.
c) Colar y desechar los sólidos.
d) Limpia un recipiente de remojo y vuelve a colocar el líquido en el recipiente.
e) Calentar el azúcar y el agua en una cacerola .
f) Agrega colorante alimentario y agrega al licor.
g) Reposar durante 1 mes.

33. Licor de arándanos y naranja

INGREDIENTES:
- 1 taza de licor sabor a naranja
- 1 taza de agua
- 1 taza de azúcar
- 1½ libras de arándanos frescos
- 20 cabezas de flores de lavanda fresca

INSTRUCCIONES:
a) Combine el licor, el agua y el azúcar en una cacerola.
b) Calentar , revolviendo frecuentemente hasta que el azúcar se disuelva.
c) Coloque los arándanos en frascos calientes y 4 cabezas de lavanda en cada frasco.
d) Vierta el líquido caliente en frascos.
e) Calentar los frascos al baño maría durante 15 minutos .

34. Carvi licor

INGREDIENTES:
- 4 cucharadas de semillas de alcaravea, machacadas o medio molidas
- 1 taza de azúcar
- 1 botella de vodka
- frasco de 1 cuarto

INSTRUCCIONES:
a) Pon las semillas en un frasco limpio.
b) Agrega el azúcar y el vodka.
c) Agite diariamente durante un mes.
d) Cuele las semillas y agregue azúcar.

35.Licor de vodka de manzana

INGREDIENTES:
- 2 libras de manzanas de sabor agrio/dulce, sin corazón y picadas
- 1 taza de azúcar
- 1 botella de vodka
- 1 frasco de medio galón

INSTRUCCIONES:
a) Agrega el azúcar y el brandy y coloca la tapa en el frasco.
b) Agite todos los días durante uno o dos meses.
c) Cuele la fruta y agregue almíbar de azúcar.

36.P cada licor de vodka

INGREDIENTES:
- 2 libras de duraznos maduros
- 1 taza de azúcar
- 1 botella de vodka

INSTRUCCIONES:
a) Agrega los duraznos, el azúcar y el alcohol a un frasco.
b) Cubra y agite una vez al día aproximadamente durante uno o dos meses.
c) colar y luego endulzar con almíbar.
d) Estas frutas también son agradables y ligeramente condimentadas con especias enteras.

37. Aquavit vodka

INGREDIENTES:
- 50 onzas de vodka de buena calidad
- 3 cucharadas de semillas de alcaravea, tostado
- 2 cucharadas de semillas de comino, tostado
- 2 cucharadas de semillas de eneldo, tostado
- 1 cucharada de semilla de hinojo, tostado
- 1 cucharada de semilla de cilantro, tostado
- 2 anís estrellado entero
- 3 dientes enteros
- Pela ½ limón orgánico y córtalo en tiras.
- Pela ½ naranja ecológica y córtala en tiras.
- 1 onza de almíbar simple

INSTRUCCIONES:
a) Triture ligeramente las semillas en un mortero y luego póngalas en un frasco de infusión.
b) Agrega el anís estrellado, el clavo, la piel de limón y naranja, luego el vodka.
c) Selle herméticamente con una tapa y agite brevemente.
d) Infundir a temperatura ambiente durante al menos 2 semanas. Agite el frasco cada 2 días mientras realiza la infusión.
e) Cuela el líquido.
f) Agrega el almíbar simple y embotella.

38.Cidra Vodka

INGREDIENTES:
- 750 ml de vodka
- ¼ taza de cáscara de limón orgánica seca

INSTRUCCIONES:
a) Pelar 3 limones orgánicos frescos, cortados en tiras finas, sin médula
b) En un tarro Mason de medio galón, vierta vodka sobre la cáscara de limón y la cáscara fresca.
c) Tapar y dejar macerar durante 2 días.
d) Cuela la ralladura de limón.

39. Naranja Bíter

INGREDIENTES:
- Ralladura de 3 naranjas orgánicas, cortadas en tiras finas
- ¼ taza de cáscara de naranja orgánica seca
- 4 dientes enteros
- 8 vainas de cardamomo verde, partidas
- ¼ de cucharadita de semillas de cilantro
- ½ cucharadita de raíz de genciana seca
- ¼ de cucharadita de pimienta de Jamaica entera
- 2 tazas de vodka de alta graduación
- 1 taza de agua
- 2 cucharadas de almíbar rico

INSTRUCCIONES:

a) Coloque la ralladura de naranja, la cáscara de naranja seca, las especias y la raíz de genciana en un frasco Mason de 1 cuarto de galón.
b) Agrega el vodka.
c) Tapar y dejar reposar durante 2 semanas.
d) Agítelo una vez al día.
e) Cuela el líquido en un frasco Mason limpio de 1 cuarto de galón.
f) Transfiera los sólidos a una sartén. Tapa el frasco y déjalo a un lado.
g) Vierta el agua sobre los sólidos en la cacerola y deje hervir a fuego medio.
h) Tapa la cacerola, reduce el fuego a bajo y cocina a fuego lento durante 10 minutos.
i) Agregue el líquido y los sólidos de la sartén a otro frasco Mason de 1 cuarto de galón.
j) Cubra y deje reposar durante una semana, agitando el frasco todos los días.
k) Cuela los sólidos con una gasa y deséchalos. Agrega el líquido al frasco con la mezcla original de vodka.
l) Agregue el almíbar rico, revuelva para mezclar bien, luego cierre la tapa y agite para mezclar y disolver el almíbar.
m) Dejar reposar durante 3 días.
n) Luego retira todo lo que flote en la superficie y cuélalo una vez más a través de la estopilla.
o) Utilice un embudo para embotellarlo.

40. Fresa Vainilla Vodka

INGREDIENTES:
- 1 litro de vodka
- 2 tazas de fresas, en rodajas
- 2 vainas de vainilla, partidas a lo largo

INSTRUCCIONES:
a) Agregue las fresas a un frasco de vidrio limpio con vainas de vainilla.
b) Agregue vodka y déjelo reposar durante un mínimo de 3 días.
c) Cuela y desecha las fresas y las vainas de vainilla.
d) Colar unas cuantas veces para eliminar todos los sedimentos.

41. Limón Licor de granada

INGREDIENTES:
- 1 taza de semillas de granada
- 750 mililitros de vodka
- 1 limón, cortado en gajos

INSTRUCCIONES:
a) Combina todos los ingredientes en un frasco.
b) Dejar en remojo durante cinco días, agitando cada día,
c) Colar los ingredientes de la infusión.

42.Mora Naranja infundido Vodka

INGREDIENTES:
- 1 taza de moras
- 750 mililitros de vodka
- 1 naranja orgánica, cortada en gajos

INSTRUCCIONES:
a) Combina todos los ingredientes en un frasco.
b) Deje reposar durante tres días, agitando cada día.
c) Colar los ingredientes de la infusión.

43.Malvavisco Vodka

INGREDIENTES:
- Malvaviscos, picados en trozos
- Vodka

INSTRUCCIONES:
a) Pon los malvaviscos en una prensa francesa.
b) Vierta vodka en la prensa sobre los malvaviscos, hasta que esté lleno.
c) Deje reposar durante un mínimo de 12 horas.
d) Colar y almacenar.

TÉQUILA _

44. Limoncillo-jengibre licor

INGREDIENTES:
- 2 tallos de limoncillo fresco, pelados y picados
- 1 jengibre fresco
- Botella de 750 mililitros de tequila Blanco

INSTRUCCIONES:
a) Coloca la hierba de limón y el jengibre en un frasco.
b) Vierte el tequila sobre las hierbas y agítalo.
c) Selle la tapa herméticamente y deje reposar durante aproximadamente 2 semanas.
d) Cuele los sólidos.

45.licor de margarita

INGREDIENTES:
- 1 cáscara de lima; cortado en espiral continua
- 1 botella de tequila plateado
- 1 cáscara de naranja; cortado en espiral continua
- 6 onzas de Cointreau

INSTRUCCIONES:
a) Agregue cítricos y Pele la cáscara de lima al tequila y luego agregue el Cointreau.
b) Refrigere por un mínimo de 1 día.
c) Retire la cáscara si el licor comienza a volverse amargo.

46. Ponche de té mexicano

INGREDIENTES:
- 2 tazas de tequila
- 2 tazas de té; Fuerte, Frío
- 1 taza de jugo de piña
- ¼ taza de miel
- ¼ taza de agua
- ¼ taza de jugo de lima
- ¼ taza de jugo de limón
- 1½ cucharadita de canela; Suelo
- 1½ cucharadita de amargos aromáticos

INSTRUCCIONES:
a) Mezclar todos los ingredientes.
b) Servir sobre hielo.

47. Jalapeño Cal Tequila

INGREDIENTES:
- 1 litro de tequila blanco
- 2 jalapeños, cortados en rodajas
- 2 limas, en rodajas

INSTRUCCIONES:
a) Reposar los ingredientes durante un mínimo de 12 horas.
b) Cuela y desecha los jalapeños y las limas.
c) Colar unas cuantas veces para eliminar todos los sedimentos.
d) Sellar en un frasco limpio.

48. Piña y serrano tequila

INGREDIENTES:
- 750 ml de tequila
- chile serrano; sembrado
- 1 ramita de estragón
- 1 piña; pelado, sin corazón y cortado en cubitos

INSTRUCCIONES:
a) Mezclar todos los ingredientes y agitar bien.
b) Deje reposar durante 48 a 60 horas.
c) Cuela el tequila y congélalo por 12 horas más.
d) Servir en un vaso de chupito.

49. Jengibre La hierba de limón Tequila

INGREDIENTES:
- Botella de 750 mL de tequila Blanco premium
- 2 tallos de limoncillo
- 1 jengibre fresco

INSTRUCCIONES:
a) Toma limoncillo y quita la tapa.
b) Agrega la hierba de limón y una rodaja de jengibre.
c) Agrega el tequila.
d) Reposar durante 2 semanas.
e) Servidor después de colar.

50.licor de almendras doradas

INGREDIENTES:
- 8 onzas de almendras sin pelar; tostado y picado
- ½ vaina de vainilla; dividir
- 1 rama de canela; 3 pulgadas
- 1 botella de tequila dorado
- 2 cucharadas de sirope de piloncillo picante
- ¼ cucharadita de extracto puro de almendras

INSTRUCCIONES:
a) Combine nueces, vaina de vainilla y canela.
b) Agrega el tequila y deja reposar durante 2 semanas.
c) Colar varias veces.
d) Agrega el almíbar y el extracto de almendras.
e) Vierta en un frasco y déjelo reposar durante otras 2 semanas.

RON

51. Café Licor

INGREDIENTES:
- 1 receta de café frío
- ½ taza de agua
- ½ taza de azúcar moreno oscuro
- 1 taza de ron oscuro
- ½ vaina de vainilla, partida

INSTRUCCIONES:
a) Llevar a ebullición el agua y el azúcar moreno a fuego alto.
b) Cocine a fuego lento y revuelva para disolver el azúcar.
c) Combine el almíbar de azúcar, el ron y el café en un frasco.
d) Agrega las semillas y las vainas de vainilla a la mezcla de café.
e) Vuelva a tapar el frasco y déjelo reposar durante un mínimo de 2 semanas, agitando una vez al día.
f) Retire la vaina de vainilla.

52. Plátano y coco licor

INGREDIENTES:
- ½ taza de leche evaporada
- 1½ taza de ron
- ½ taza de vodka
- 2 plátanos maduros; machacado
- ½ taza de leche condensada azucarada
- 2 cucharaditas de extracto de coco
- 1 taza de crema de coco

INSTRUCCIONES:
a) Licúa los plátanos, el extracto de coco, el ron, la leche y el vodka.
b) Agrega la crema de coco y pulsa nuevamente.

53. especiado Ron

INGREDIENTES:
- 1 nuez moscada entera
- 3 bayas de pimienta de Jamaica
- 1 naranja ombligo, rallada
- 1 vaina de vainilla, partida a lo largo
- Botella de ron añejo de 750 mililitros
- 2 dientes enteros
- 1 vaina de cardamomo
- 4 granos de pimienta negra
- Jarabe de sorgo
- 1 rama de canela, triturada
- 1 anís estrellado

INSTRUCCIONES:
a) Coloca la nuez moscada entera en una toalla limpia y golpéala con un mazo.
b) Pon la nuez moscada y todas las demás especias en una sartén.
c) Tuesta ligeramente las especias durante 2 minutos.
d) Retirar del fuego y dejar enfriar.
e) Transfiera a un molinillo y presione.
f) Coloque la ralladura en un tarro Mason de 1 cuarto y agregue el ron y las especias tostadas.
g) Cierre la tapa, agite para mezclar y deje reposar durante 24 horas.
h) Cuele el ron especiado a través de un colador.
i) Vierta en un frasco o botella de vidrio limpio y etiquételo.

54. Jazmín té licor

INGREDIENTES:
- 1 pinta de ron oscuro
- ½ taza de té de jazmín
- 1 taza de jarabe de azúcar

INSTRUCCIONES:
a) Reposar todo, excepto el almíbar, durante 24 horas.
b) Agrega el almíbar de azúcar.

55.Moca crema licor

INGREDIENTES:
- ¼ cucharadita de extracto de coco
- 4 cucharaditas de café espresso instantáneo en polvo
- 1 taza de ron oscuro
- ½ cucharadita de canela molida
- ½ cucharadita de extracto de vainilla
- 1 taza de crema espesa
- 1 lata de leche condensada azucarada
- ¼ taza de almíbar con sabor a chocolate

INSTRUCCIONES:
a) Combine todos los ingredientes en un procesador de alimentos.
b) Pulse hasta que la mezcla esté suave.

56.sueco fruta en licor

INGREDIENTES:
- 1 pinta de arándanos, pelados
- 1 pinta de frambuesas, peladas
- 1 pinta de fresas, peladas
- 1 pinta de grosella roja
- 1 taza de azúcar granulada
- ⅔ taza de brandy
- ⅔ taza de ron ligero
- Crema batida para decorar

INSTRUCCIONES:
a) Coloque las bayas y las grosellas rojas en un recipiente de vidrio.
b) Agregue el azúcar, el brandy y el ron, revolviendo ocasionalmente.
c) Deje reposar durante la noche en el refrigerador.

57. cordial de arándanos

INGREDIENTES:
- 8 tazas de arándanos crudos, picados
- 6 tazas de azúcar
- 1 litro de ron claro o ámbar

INSTRUCCIONES:
a) Combine los arándanos, el azúcar y el ron en un frasco.
b) Deja reposar durante 6 semanas, agitando todos los días.
c) Cuela el cordial.

58. Licor cremoso de ron

INGREDIENTES:
- 400 ml de leche condensada
- 300 mililitros de crema
- 2 cucharaditas de café instantáneo disuelto en agua hervida
- 300 mililitros de leche
- ¾ taza de ron
- 2 cucharadas de salsa de chocolate

INSTRUCCIONES:
a) Licúa todos los ingredientes.
b) Servir frío.

59.Piña Ron

INGREDIENTES:
- 1 piña, sin corazón y cortada en lanzas
- 1 litro de ron blanco

INSTRUCCIONES:
a) Combine la piña y el ron en un frasco de vidrio y ciérrelo.
b) Reposar durante un mínimo de 3 días.
c) Colar por un colador de malla fina y desechar la piña.
d) Sellar en un frasco limpio.

60. Agrios sangría

INGREDIENTES:
- Botella de 750 mililitros de dulce Moscato
- 1½ tazas de jugo de piña
- 1 taza de ron blanco
- 1 taza de trozos de piña
- 2 limas, en rodajas
- 2 naranjas, en rodajas

INSTRUCCIONES:
a) Combine todos los ingredientes en una jarra y revuelva.
b) Refrigere por un mínimo de 2 horas antes de servir.

61.Fruta Puñetazo

INGREDIENTES:
- 6 tazas de ponche de frutas
- 3 tazas de jugo de piña
- 2 tazas de aguardiente de durazno
- 2 tazas de ron blanco
- 1 taza de refresco de lima-limón
- ¼ de taza de jugo de lima
- 2 limas, rebanadas y congeladas
- 1 naranja, en rodajas y congelada

INSTRUCCIONES:
a) Combine el ponche de frutas, el jugo de piña, el aguardiente de durazno, el ron, el refresco y el jugo de lima en una jarra.
b) Revuelva hasta que esté bien combinado, luego cubra y refrigere hasta que esté bien frío.
c) Vierta el ponche de frutas en una ponchera y luego agregue la fruta congelada.
d) ¡Servir y disfrutar!

WHISKY

62. Limón infundido Borbón

INGREDIENTES:
- 2 onzas de licor de jengibre
- 2 onzas de bourbon
- ½ limón orgánico

INSTRUCCIONES:
a) Poner en un vaso mezclador el licor de jengibre y el limón.
b) Machacar bien con un machacador.
c) Agrega aproximadamente una taza de hielo picado y el bourbon.
d) Remueve bien hasta que el vaso esté helado.
e) Vierta en una copa de cóctel o de vino; no te esfuerces.
f) Adorne con una rodaja de limón.

63. A la antigua usanza con infusión de tocino

INGREDIENTES:
BOURBON-TOCINO:
- 4 rebanadas de tocino, cocidas y con la grasa reservada
- 750 ml. botella de bourbon

ANTICUADO:
- 2 chorritos de amargo de angostura
- 2 onzas de bourbon con tocino
- 1/4 onza de jarabe de arce

INSTRUCCIONES:
PARA EL BOURBON CON INFUSIÓN DE TOCINO
a) Combine el bourbon y la grasa del tocino en un recipiente no poroso.
b) Colar e infusionar durante 6 horas en el congelador.
c) Retire la grasa y cuele la mezcla nuevamente en la botella.

PARA EL CÓCTEL
d) Combine el bourbon con tocino, el jarabe de arce y el amargo con hielo.
e) Colar en un vaso bajo frío lleno de hielo.

64. Licor de melocotón y canela

INGREDIENTES:
- 1½ libras de duraznos; pelado y cortado en rodajas
- 1½ taza de azúcar
- 4 cáscaras de limón; tiras
- 3 dientes enteros
- 2 palitos de canela
- 2 tazas de borbón

INSTRUCCIONES:
a) Combine todos los ingredientes y caliente durante 40 minutos hasta que el azúcar se disuelva, revolviendo dos veces.
b) Cubra y deje reposar durante 3 a 4 días.
c) Colar antes de usar.

65. Licor de crema de chocolate

INGREDIENTES:
- 2 tazas de crema espesa
- 1 taza de whisky
- ¼ taza de cacao en polvo sin azúcar
- 14 onzas de leche condensada azucarada
- 1½ cucharada de extracto de vainilla
- 1 cucharada de espresso instantáneo en polvo
- 1 cucharada de extracto de coco

INSTRUCCIONES:
a) En un procesador de alimentos, pulsa todos los ingredientes hasta que quede suave.

66.Bing Cereza _ licor

INGREDIENTES:
- 2 rodajas de limón
- 1 quinto VO
- cerezas
- 2 cucharadas de azúcar

INSTRUCCIONES:
a) Llene cada frasco hasta la mitad con cerezas.
b) Añade a cada uno una rodaja de limón y una cucharada de azúcar.
c) Luego llénelo hasta arriba con VO, cierre bien la tapa, agite y deje reposar en un lugar fresco durante 6 meses.

67. naranja y miel Licor

INGREDIENTES:
- 1 botella de whisky
- 2 tazas de miel de azahar
- ralladura de 2 naranjas o mandarinas
- 4 cucharadas de semillas de cilantro machacadas

INSTRUCCIONES:
a) Mezclar todo en el frasco.
b) Cierra la tapa y agita una vez al día durante un mes.
c) Colar y embotellar el licor.

68. Yo rish licor de crema

INGREDIENTES:
- 1¼ taza de whisky irlandés
- 14 onzas de leche condensada azucarada
- 1 taza de crema espesa
- 4 huevos
- 2 cucharadas de almíbar con sabor a chocolate
- 2 cucharaditas de café instantáneo
- 1 cucharadita de extracto de vainilla
- ½ cucharadita de extracto de almendras

INSTRUCCIONES:

a) Pulse todos los ingredientes en una licuadora hasta que quede suave.

69. Arándano Naranja Whisky

INGREDIENTES:
- 2 ramas de canela
- ½ taza de arándanos frescos
- 1 naranja, cortada en gajos
- whisky de 1 litro

INSTRUCCIONES:
a) Combine los arándanos, la naranja, el whisky y la rama de canela en un frasco de vidrio.
b) Reposar durante un mínimo de 3 días.
c) Cuela y desecha los arándanos, las naranjas y la canela.
d) Sellar en un frasco limpio.

70.Café-vainilla Borbón

INGREDIENTES:
- 2 vainilla frijoles , partidos
- 1/2 taza café frijoles levemente aplastada
- 32 onzas de whisky

INSTRUCCIONES:
a) Combine todo y deje reposar en un lugar fresco y oscuro durante un mínimo de 2 días.

71. Cereza vainilla Borbón

INGREDIENTES:
- 2 vainilla frijoles , partidos
- 8 onzas seco o fresco cerezas
- 32 onzas de whisky

INSTRUCCIONES:
a) Combine todo y deje reposar en un lugar fresco y oscuro durante un mínimo de 2 días.

72.Manzana canela Whisky

INGREDIENTES:
- 2 manzanas, pelado y Cortado
- a puñado de canela palos
- 32 onzas de whisky

INSTRUCCIONES:
a) Combine todo y deje reposar en un lugar fresco y oscuro durante un mínimo de 2 días.

73. Vainilla Frijol Borbón

INGREDIENTES:
- 8 onzas de tu Bourbon favorito
- 2 vainas de vainilla, partidas a lo largo

INSTRUCCIONES:
a) Combine todo y deje reposar durante 4 días.
b) Agítelo un par de veces al día para que se produzca la infusión.
c) Colar la vaina de vainilla y servir.

GINEBRA

74.martini cajún

INGREDIENTES:
- 1 chile jalapeño; cortado hasta el tallo
- ½ botella de ginebra
- ½ Botella de Vermú

INSTRUCCIONES:
a) Agrega jalapeño a la botella de ginebra y llena la ginebra con vermú.
b) Refrigere de 8 a 16 horas.
c) Colar en una botella limpia.

75. Arándano Ginebra

INGREDIENTES:
- 1 botella de ginebra
- 6 onzas de arándanos
- 7 onzas de azúcar
- Unas cuantas almendras blanqueadas; agrietado
- 1 trozo de canela en rama
- Clavos de olor

INSTRUCCIONES:
a) Vierte la ginebra en una jarra.
b) Pincha los arándanos con una brocheta o un tenedor y colócalos en la botella de ginebra vacía hasta que esté medio llena.
c) Agrega el azúcar, las almendras y las especias.
d) Vierta nuevamente la ginebra para llenar la botella. Tapar firmemente.
e) Dejar reposar en un lugar cálido durante unos días, agitando la botella de vez en cuando hasta que se disuelva el azúcar.

76. Almohadilla perfumada Ginebra

INGREDIENTES:
- 1 naranja de Sevilla
- 2 dientes enteros
- 3 onzas de azúcar
- 1 botella de ginebra

INSTRUCCIONES:
a) Clava los clavos en la naranja y luego pon la naranja y el azúcar en un frasco de cuello ancho.
b) Agrega la ginebra y agita hasta que el azúcar se disuelva.
c) Deje reposar en un lugar fresco durante 3 meses.
d) Colar y desechar los sólidos.

77. Limón Jengibre Cardamomo Ginebra

INGREDIENTES:
- 4 vainas de cardamomo
- 2 trozos de jengibre pelado, cortado en rodajas
- 3 limones, cortados en rodajas
- 1 cuarto de ginebra

INSTRUCCIONES:
a) Combine las vainas de ginebra, limón, jengibre y cardamomo en un frasco de vidrio.
b) Reposar durante un mínimo de 3 días.
c) Cuela los sólidos.

78. Manzana y Pera Ginebra

INGREDIENTES:
- Botella de ginebra de 750 ml.
- 4 manzanas rojas, en rodajas
- 1 pera, en rodajas
- 1/4 libra de peras secas

INSTRUCCIONES:
a) Revuelve la ginebra y las frutas en un frasco y agita.
b) Mételo en un lugar oscuro.
c) Cuela las frutas.

79. Verde Té Ginebra

INGREDIENTES:
PARA LA GINEBRA CON INFUSIÓN DE TÉ VERDE
- ginebra botella 750ml
- 1/4 taza de hojas de té verde

PARA EL JARABE DE MIEL DE PISTACHO SALADO
- 1/2 taza de agua
- 1/2 taza de pistachos salados
- 1/2 taza de miel de abeja

INSTRUCCIONES:
a) Combine todos los ingredientes y deje reposar durante 2 horas.
b) Cuela las hojas de té.

BRANDY

80.Mandarina Licor

INGREDIENTES:
- 32 onzas de brandy
- 2 libras de mandarinas orgánicas peladas y en rodajas
- ½ taza de cáscara de naranja dulce orgánica seca
- Jarabe sencillo

INSTRUCCIONES:
a) Divide la cáscara entre los dos frascos. Agregue brandy a cada frasco hasta aproximadamente una pulgada de la parte superior.
b) Deja reposar los frascos, alejados del sol, durante un mínimo de 2 días .
c) Agite los frascos una vez al día.
d) Cuela la fruta del brandy.
e) Agrega almíbar simple y una botella.
f) Déjalo en un lugar fresco y oscuro durante un mínimo de un mes.

81. licor de amaretto

INGREDIENTES:
- 1 taza de jarabe de azúcar
- ¾ taza de agua
- 2 mitades de albaricoque seco
- 1 cucharada de extracto de almendras
- ½ taza de alcohol puro de grano y
- ½ taza de agua
- 1 taza de brandy
- 3 gotas de colorante alimentario amarillo
- 6 gotas de colorante rojo
- 2 gotas de colorante alimentario azul
- ½ cucharadita de glicerina

INSTRUCCIONES:
a) Cocine a fuego lento hasta que se disuelva todo el azúcar.
b) Combine las mitades de albaricoque, el extracto de almendras y el alcohol de grano con ½ taza de agua y brandy.
c) Agregue la mezcla de almíbar de azúcar.
d) Tape y deje reposar durante 2 días. Retire las mitades de los albaricoques.
e) Agregue colorante alimentario y glicerina.
f) Deje reposar nuevamente durante 1 a 2 meses.

82. Licor de Albaricoque

INGREDIENTES:
- 1 taza de agua
- 1 libra de albaricoques secos y deshuesados
- 1 cucharada de azúcar en polvo
- 1 taza de almendras rebanadas
- 2 tazas de brandy
- 1 taza de azúcar
- 1 taza de agua

INSTRUCCIONES:
a) Remojar los albaricoques en agua hervida durante 10 minutos.
b) Escurrir el agua restante.
c) Combine los albaricoques, el azúcar en polvo, las almendras y el brandy.
d) Revuelva bien para mezclar.
e) Cubra bien y déjelo reposar en un lugar fresco y oscuro durante un mínimo de 2 semanas.
f) Colar el líquido.
g) Combine el azúcar y el agua en una cacerola.
h) Llevar a ebullición a temperatura media.
i) Cocine a fuego lento hasta que el azúcar se haya disuelto por completo.
j) Agrega el almíbar de azúcar.
k) Vierta en botellas y tape bien.
l) Deje reposar al menos 1 mes antes de servir.

83.Frambuesa licor

INGREDIENTES:
- 4 tazas de frambuesas limpias y secas
- 4 tazas de brandy
- 1 taza de jarabe de azúcar

INSTRUCCIONES:
a) Combina las frambuesas y el brandy en un frasco.
b) Selle y deje reposar en el alféizar de una ventana soleada durante 2 meses.
c) Agrega el almíbar de azúcar al licor de frambuesa.
d) Colar y almacenar.

84. Brandy de manzana y canela

INGREDIENTES:
- 1 libra de manzanas rojas, cortadas en cuartos y sin corazón
- 1 rama de canela
- 2 dientes enteros
- 3 tazas de brandy
- 1 taza de azúcar
- 1 taza de agua

INSTRUCCIONES:
a) Combine las manzanas, las ramas de canela, los clavos y el brandy en un frasco.
b) Cubra bien y déjelo reposar en un lugar fresco y oscuro durante 2 semanas.
c) Colar el líquido.
d) Combine el azúcar y el agua en una cacerola. Llevar a ebullición a temperatura media.
e) Cocine a fuego lento hasta que el azúcar se haya disuelto.
f) Agrega el almíbar de azúcar.
g) Vierta en botellas y tape bien.
h) Deje reposar al menos 1 mes antes de servir.

85. California Ponche de huevo

INGREDIENTES:
- 1 cuarto de ponche de huevo preparado en frío
- 1½ taza de brandy de albaricoque
- ¼ de taza de triple seco
- nuez moscada, para decorar

INSTRUCCIONES:
a) En una jarra, revuelva el ponche de huevo, el brandy de albaricoque y el triple seco.
b) Cubra y refrigere por un mínimo de cuatro horas para mezclar los sabores.
c) Adorne con nuez moscada.

86. Cereza brandy

INGREDIENTES:
- ½ libra de cerezas Bing. derivado
- ½ libra de azúcar granulada
- 2 tazas de brandy

INSTRUCCIONES:
a) Coloque las cerezas en un frasco de 1 litro.
b) Vierta azúcar sobre las cerezas.
c) Vierta brandy sobre el azúcar y las cerezas.
d) Reposar durante 3 meses. NO SACUDIR.
e) Colar en una botella.

87. Licor de Almendras

INGREDIENTES:
- 1 taza de jarabe de azúcar
- 2 tazas de vodka
- 2 tazas de brandy
- 2 cucharaditas de extracto de almendras

INSTRUCCIONES:
a) Combine el jarabe de azúcar, el vodka, el brandy y el extracto de almendras.
b) Vierta en botellas.
c) Deje reposar al menos 1 mes antes de servir.

88.Licor de pera

INGREDIENTES:
- 1 libra de peras maduras firmes, sin corazón y en cubos
- 2 dientes enteros
- 1 tazas de brandy
- 1 rama de canela de 1 pulgada
- Una pizca de nuez moscada
- 1 taza de azúcar

INSTRUCCIONES:
a) Combine clavo, canela, nuez , azúcar y brandy.
b) Reposar durante 2 semanas.
c) Agite el frasco diariamente. Cuela el líquido.

89.Jengibre Licor

INGREDIENTES:
- 2 onzas de raíz de jengibre fresca, pelada
- vaina de vainilla
- 1 taza de azúcar
- 1½ tazas de agua
- Ralladura de 1 naranja orgánica
- 1½ tazas de brandy

INSTRUCCIONES:
a) En una cacerola , hierva el jengibre, la vaina de vainilla, el azúcar y el agua.
b) Cocine a fuego lento durante 20 minutos.
c) Retirar del fuego y dejar enfriar.
d) Vierte el almíbar en un frasco, y añade la ralladura o piel de naranja y el brandy.
e) Sellar, agitar y dejar reposar durante un día.
f) Retire la vaina de vainilla y déjela reposar un día más.
g) Colar en una botella y dejar reposar durante 2 semanas antes de usar.

90. Café vainilla licor

INGREDIENTES:
- 2 onzas de buen café instantáneo
- 2 tazas de azúcar
- 4 onzas de vainilla, picada
- 1-2 vainas de vainilla de Madagascar o Tahití
- botella de brandy

INSTRUCCIONES:
a) Calienta el agua, el café y el azúcar a fuego lento.
b) Retirar del fuego y dejar enfriar.
c) Agrega las 4 onzas de vainilla.
d) Vierta el café/azúcar/agua /brandy y revuelva.
e) Deje reposar durante dos o tres meses.
f) Cuela las vainas de vainilla.

91.cardamomo-higo brandy

INGREDIENTES:
- 2 vainas de cardamomo enteras
- 1 taza de higos secos o frescos, cortados a la mitad
- 32 onzas de brandy

INSTRUCCIONES:
a) Combina todos los ingredientes.
b) Cúbrelos bien y déjalos reposar en un lugar fresco y oscuro durante un mínimo de 2 días.

92.Ciruela-Canela brandy

INGREDIENTES:
- 2 ciruelas o ciruelas pasas, sin hueso y cortadas en cuartos
- un puñado de ramas de canela
- 32 onzas de brandy

INSTRUCCIONES:
a) Coloque los ingredientes de su infusión en el alcohol, cubra bien,
b) Deje reposar en un lugar fresco y oscuro durante un mínimo de 2 días.

93.Chai-Pera brandy

INGREDIENTES:
- 2 o 3 bolsitas de té chai
- 2 peras, rebanadas
- 32 onzas de brandy

INSTRUCCIONES:
a) Remoje 2 o 3 bolsitas de té chai en el brandy.
b) Brandy macerado con 2 peras durante 2 días.

COÑAC

94.Gran licor de naranja y coñac

INGREDIENTES:
- ½ taza de azúcar granulada
- 2 tazas de coñac o brandy francés
- ⅓ taza de ralladura de naranja
- ½ cucharadita de glicerina

INSTRUCCIONES:
a) Coloque la ralladura y el azúcar en un bol.
b) Triture y mezcle con un mortero hasta que se absorba el azúcar.
c) Colóquelo en un recipiente para remojar. Agrega el coñac.
d) Revuelva, tape y deje reposar en un lugar fresco y oscuro durante 2 a 3 meses.
e) Después del remojo inicial, vierta a través de un colador de malla fina.
f) Vierte glicerina en un recipiente para remojar y coloca la bolsa de tela dentro del colador.
g) Colar a través del paño.
h) Revuelva con una cuchara de madera para combinar.
i) Reposar durante 3 meses más.

95. Curazao de higos frescos

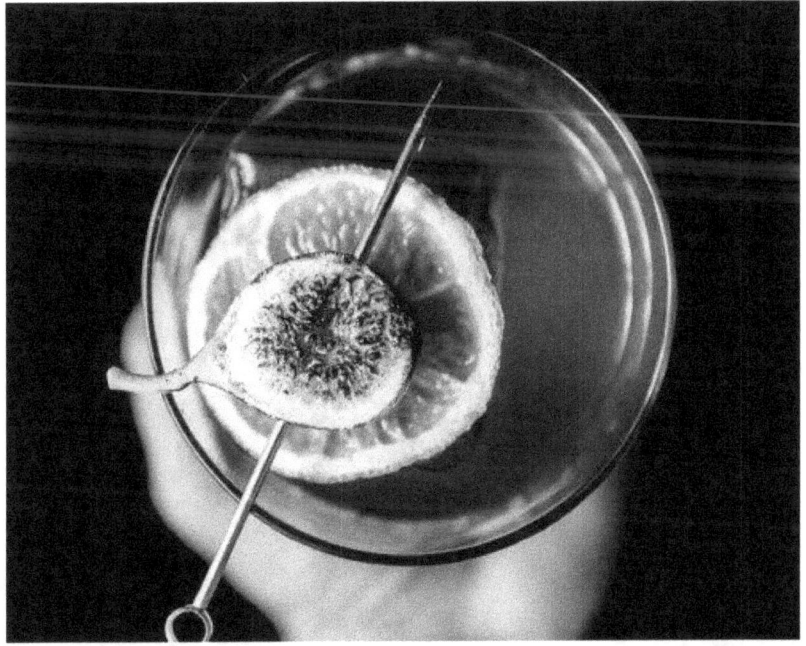

INGREDIENTES:
- 12 higos, pelados y cortados en cuartos
- 1 cucharada de coñac
- 1 taza de crema espesa, batida
- ⅓ taza de Curazao

INSTRUCCIONES:
a) Marina los higos en el coñac durante 30 minutos o más.
b) Mezclar la nata y el Cura c ao.
c) Incorporar los higos.

96.Infusión de chai Coñac

INGREDIENTES:
- 8 onzas de coñac
- 2 bolsitas de té chai

INSTRUCCIONES:
a) En un frasco, combine el coñac con las bolsitas de té.
b) Dejar reposar durante 2 horas.
c) Colar en un recipiente hermético.

97.Infusión de cereza coñac

INGREDIENTES:
- 33 onzas de coñac
- 0,15 onzas de vainas de vainilla
- 23 onzas de cereza dulce, sin hueso
- 7 onzas de azúcar en polvo

INSTRUCCIONES:
a) Llene un frasco de dos cuartos con cerezas dulces sin hueso.
b) Agregue el azúcar en polvo, una vaina de vainilla y el coñac.
c) Cierra el frasco y déjalo reposar durante 2 semanas.

98. de Higo y Grand Marnier

INGREDIENTES:
- 1/4 onza de almíbar simple
- 3/4 onza de Grand Marnier
- 1/2 onza de jugo de naranja fresco
- 2 onzas de coñac con infusión de higos
- 1/2 onza de jugo de limón fresco

INSTRUCCIONES:
a) Combine el coñac, el Grand Marnier, el jugo de limón, el jugo de naranja y el almíbar.
b) Agite bien y deje reposar durante unas horas.
c) Colar dos veces en un vaso.

99.Durazno infundido Coñac

INGREDIENTES:
- 500 ml de coñac
- 8 duraznos secos enteros, picados

INSTRUCCIONES:
a) Coloque los melocotones en un vaso.
b) Vierta el coñac en un recipiente, revuelva y cubra.
c) Dejar reposar durante 24 horas, protegido de la luz.
d) Cuele los melocotones.

100. Licor Bíter De Piña Y Naranja

INGREDIENTES:
- 1/2 onza de coñac con infusión de piña
- 1/4 onza de licor de marrasquino
- 1 chorrito de amargo de naranja
- 1 chorrito de amargo de naranja angostura

INSTRUCCIONES:
a) Combine el coñac, el licor de marrasquino y el amargo de naranja.
b) Revuelve para combinar.
c) Dejar reposar durante unas horas.

CONCLUSIÓN

Al llegar a las páginas finales de "La guía definitiva de cócteles botánicos", esperamos que este viaje a través de la mixología del jardín al vaso haya dejado sus papilas gustativas hormigueando de emoción. El mundo de los cócteles botánicos es un testimonio del arte de elaborar bebidas que no sólo refrescan sino que también despiertan los sentidos con la esencia de la naturaleza.

Desde las picantes notas cítricas hasta las hierbas aromáticas que bailan en tu paladar, estas 100 recetas rápidas y fáciles son una celebración de la alquimia que ocurre cuando los ingredientes frescos se combinan con tus licores favoritos. Ya sea que haya preparado estos cócteles para una reunión animada o haya disfrutado de un momento tranquilo de reflexión con una bebida con infusión de jardín en la mano, confiamos en que cada sorbo lo haya transportado a un lugar de felicidad botánica.

A medida que continúa explorando la tendencia del jardín al vidrio, puede inspirarse para experimentar con sus propias combinaciones, incorporando la belleza de los ingredientes botánicos a sus proyectos de coctelería. Por innumerables momentos más de tintineo de vasos, risas y el delicioso sabor de la generosidad de la naturaleza en cada sorbo. ¡Salud por la mejor experiencia de cócteles botánicos!

www.ingramcontent.com/pod-product-compliance
Lightning Source LLC
Chambersburg PA
CBHW050350120526
44590CB00015B/1628